BLAZERS
Bilingüe/Bilingual

CABALLOS DE FUERZA/
HORSEPOWER

CUATRIMOTOS ATV/ATVs

por/by Mandy R. Marx

Consultora de Lectura/Reading Consultant:
Barbara J. Fox
Especialista en Lectura/Reading Specialist
Universidad del Estado de Carolina del Norte/
North Carolina State University

Capstone
press

Mankato, Minnesota

Blazers is published by Capstone Press,
151 Good Counsel Drive, P.O. Box 669, Mankato, Minnesota 56002.
www.capstonepress.com

Library of Congress Cataloging-in-Publication Data
Marx, Mandy R.
    [ATVs. Spanish & English]
    Cuatrimotos ATV/por Mandy R. Marx = ATVs/by Mandy R. Marx.
    p. cm.—(Blazers—caballos de fuerza = Blazers—horsepower)
    Includes index.
    ISBN-13: 978-0-7368-7321-5 (hardcover)
    ISBN-10: 0-7368-7321-X (hardcover)
    1. All terrain vehicles—Juvenile literature. I. Title: ATVs. II. Title.
III. Series: Blazers—caballos de fuerza.
TL235.6.M3618 2007
629.22'042—dc22   2006008476

Summary: Discusses ATVs, including their many capabilities,
    competitions, and safety—in both English and Spanish.

Editorial Credits
Jenny Marks, editor; Jason Knudson, set designer; Thomas
    Emery, book designer; Jo Miller, photo researcher; Scott
    Thoms, photo editor; settingPace LLC, production services;
    Strictly Spanish, translation services

Photo Credits
Corbis/Judy Griesedieck, 15; Richard Hamilton Smith, 11, 14
Getty Images/Al Bello, 12, 28–29
Global Entertainment Network Group LLC, 25
Trackside Photo, cover; Byrie Moore, 7; Dave Rivdahl, 20; Fidel
    Gonzales, 5, 17, 22–23; Jim Ober, 6, 26; PJ Springman, 8–9; Tom
    Murotake, 18, 19

The author dedicates this book to her ATV-loving nephew, Cael.

1 2 3 4 5 6 11 10 09 08 07 06

Table of Contents

Tabla de Contenidos

The Ultimate Challenge/ El Reto Máximo

ATVs roar over bumps and rip through the air. The Baja 1000 is the ultimate relay race for all-terrain vehicles.

Las cuatrimotos todo terreno (ATV) pasan con gran estruendo sobre los baches del camino y vuelan por los aires. La Baja 1000 es la máxima carrera de relevos para vehículos todo terreno.

Racers face nearly 1,000 miles (1,600 kilometers) of California desert. Fans line the raceway. They watch the teams blaze through sand and battle the heat.

Los competidores se enfrentan a casi 1,000 millas (1,600 kilómetros) de desierto californiano. Los aficionados se colocan a los lados de la pista. Observan a los equipos pasar a gran velocidad por la arena, combatiendo el calor.

BLAZER FACT

The first Baja 1000 was held in 1967. Today, ATVs, dune buggies, motorcycles, and pickup trucks race at the Baja 1000.

DATO BLAZER

La primera carrera Baja 1000 se llevó a cabo en 1967. En la actualidad, vehículos todo terreno (ATVs), buggies para dunas, motocicletas y camionetas pick-up compiten en la Baja 1000.

The winning team takes home a cash prize. But the real reward is the pride gained by completing this challenging race.

El equipo ganador se lleva un premio en efectivo. Pero la verdadera recompensa es el orgullo de terminar esta difícil carrera.

READY FOR ANYTHING/LISTOS PARA TODO

ATV stands for all-terrain vehicle. These machines are small but strong. ATVs tackle even the toughest trails.

ATV significa en inglés "vehículo todo terreno". Estas máquinas son pequeñas pero fuertes. Las cuatrimotos ATV recorren hasta los caminos más difíciles.

ATV tires are made for rough riding. Soft rubber and big treads help the tires grip any surface, from deep mud to loose gravel.

Las llantas de las cuatrimotos ATV están hechas para transitar sobre caminos complicados. Las llantas son de goma suave y tienen dibujos grandes para sujetarse a cualquier superficie, desde lodo profundo hasta grava suelta.

Tire treads/
Llanta con
dibujo

Riders change their ATV tires for different riding surfaces. Tires with thick, blocky treads are used on trails.

Los pilotos cambian las llantas de sus cuatrimotos ATV para usarlas en diferentes superficies. Las llantas con dibujos gruesos y grandes se utilizan en senderos.

ATVs were designed for having fun. But farmers, ranchers, and police officers use ATVs for work. Their ATVs can go where other vehicles can't.

Las cuatrimotos ATV fueron diseñadas para divertirse. Pero los agricultores, ganaderos y oficiales de policía utilizan las cuatrimotos ATV para su trabajo. Sus cuatrimotos ATV llegan a lugares que otros vehículos no pueden alcanzar.

BLAZER FACT

ATVs make it easy for ranchers to haul food to animals in fields.

DATO BLAZER

Con las cuatrimotos ATV, los ganaderos pueden llevar alimento a los animales en el campo más fácilmente.

Racing ATVs/ Cuatrimotos ATV de Carreras

Racing is one of the most exciting uses for ATVs. Racers speed head-to-head toward the finish line.

Uno de los usos más emocionantes para las cuatrimotos ATV son las carreras. Los competidores corren lado a lado hacia la meta.

Races are held on many types of courses. They range from dirt tracks to cross-country trails. Some races are even held indoors.

Las carreras se llevan a cabo en muchos tipos diferentes de pistas, que van desde terracerías hasta senderos a campo traviesa. Algunas carreras se hacen bajo techo.

BLAZER FACT

In the 1960s, ATVs had six or even eight wheels! They were used on land and in shallow water.

DATO BLAZER

En la década de los 60, ¡las cuatrimotos ATV tenían seis o hasta ocho ruedas! Se utilizaban en tierra y en agua poco profunda.

People of all ages race ATVs. Kids as young as 6 compete on small machines.

En las carreras de cuatrimotos ATV participan personas de todas las edades. Niños desde 6 años de edad compiten en máquinas pequeñas.

BLAZER FACT

Women get in on the action too. Angela Moore raced in ESPN's Great Outdoor Games in 2005.

DATO BLAZER

Las mujeres también participan. Angela Moore participó en la competencia Great Outdoor Games de ESPN en el año 2005.

ATV Diagram/
Diagrama de una
Cuatrimoto ATV

Exhaust pipe/
Escape

Treaded tire/
Llanta con
dibujo

Engine/
Motor

Handle bars/
Manubrios

Shock absorber/
Amortiguador

Riding Safely/ Seguridad al Conducir

States have laws to keep ATV riders safe. New riders can get free training from the ATV Safety Institute.

Los estados tienen leyes para proteger la seguridad de los pilotos de cuatrimotos ATV. Los nuevos pilotos pueden obtener entrenamiento gratuito en el Instituto de Seguridad para Cuatrimotos ATV.

Riders wear goggles and a helmet to protect their eyes and head. Long sleeves, gloves, and boots prevent scrapes. Drivers ride hard, but also ride safely.

Los pilotos usan lentes y casco para proteger sus ojos y cabeza. Usan mangas largas, guantes y botas para evitar raspones. Los pilotos manejan con atrevimiento, pero también de forma segura.

BLAZER FACT

Three-wheeled ATVs were outlawed in 1988. They rolled too easily.

DATO BLAZER

Las trimotos ATV fueron declaradas ilegales en 1988. Se volcaban con mucha facilidad.

At Home in the Mud! / ¡Les gusta el lodo!

GLOSSARY

dune buggy—a motor vehicle with large tires for driving through sand

relay race—a team race in which the members of the team take turns racing

terrain—ground or land

tread—a ridge on a tire that makes contact with the road

INTERNET SITES

FactHound offers a safe, fun way to find Internet sites related to this book. All of the sites on FactHound have been researched by our staff.

Here's how:

1. Visit *www.facthound.com*
2. Choose your grade level.
3. Type in this book ID **073687321X** for age-appropriate sites. You may also browse subjects by clicking on letters, or by clicking on pictures and words.
4. Click on the **Fetch It** button.

FactHound will fetch the best sites for you!

Glosario

el buggy para dunas—un vehículo motorizado con llantas grandes para manejar sobre arena

la carrera de relevos—una carrera en equipo en la que los integrantes del equipo toman turnos para competir

el dibujo—áreas que sobresalen de la llanta y hacen contacto con el suelo

el terreno—tierra

Sitios de Internet

FactHound proporciona una manera divertida y segura de encontrar sitios de Internet relacionados con este libro. Nuestro personal ha investigado todos los sitios de FactHound. Es posible que los sitios no estén en español.

Se hace así:

1. Visita *www.facthound.com*
2. Elige tu grado escolar.
3. Introduce este código especial **073687321X** para ver sitios apropiados según tu edad, o usa una palabra relacionada con este libro para hacer una búsqueda general.
4. Haz clic en el botón **Fetch It.**

¡FactHound buscará los mejores sitios para ti!

INDEX

ÍNDICE